시험유형 지문, 빠르고 정확하게 읽는 방법

자기주도
시험유형 지문읽기

글 성지영 그림 이일선

시험성적은 지문읽기에 달려 있어요!

　예전 TV 만화영화의 캐릭터 사오정은 남이 하는 이야기를 제대로 듣지 못해 늘 엉뚱한 사건을 일으켰고, 그 때부터 사람들은 일상생활에서 남의 말을 올바르게 듣지 못하는 사람을 가리켜 우스갯소리로 '사오정'이라고 불렀어요.

　요즘은 잘 듣지 못하는 사람과 더불어 잘 읽지 못하는 사람에게도 사오정이라는 표현을 써요. 그렇기 때문에 잘 듣지 못할 때처럼 잘 읽지 못할 때도 곤란한 일이 많이 생겨요. 메신저로 대화를 하다가 친구의 의견이 담긴 글을 제대로 읽지 못해서 생긴 오해로 다툼이 생길 수 있고, 또 이메일 등으로 전송되는 여러 가지 공지사항을 제대로 읽지 못하여 중요한 정보들을 놓칠 수도 있어요. 그리고 무엇보다 제대로 읽지 못하면 친구들의 가장 큰 고민거리인 시험성적이 뚝뚝 떨어질 수 있어요. **시험성적과 읽기능력은 비례 관계**이기 때문에 잘 읽지 못하면 성적도 좋아질 수 없어요.

　친구들이 시험을 잘 볼 수 있는 가장 중요한 비결은 바로 **시험지문을 올바르게 읽는 거예요.** 지문 속에는 **문제를 푸는 방향과 정답을 구하는 원리가 숨어 있어요.** 많은 친구들이 같은 유형의 문제를 매번 틀리는 이유도 지문을 올바르게 읽어내지 못하기 때문이에요. 지문을 이해하지 못하고 무조건 암기만 한 친구들은 문제가 조금만 바뀌어도 올바른 답을 구해내는 데 어려움을 느껴요.

　〈과목별 자기주도 시험유형 지문읽기〉는 시험지문을 제대로 못 읽어서 성적이 잘 오르지 않는 친구들을 위해 만들었어요. 한번 읽어서 이해가 안 되면 책을 읽는 마음으로 여러 번 반복해서 읽어 보세요. 시험지문 읽기의 방법을 터득한 친구들은 이 책에 나온 지문의 유형은 물론, 응용되거나 변형된 지문이 나와도 거뜬히 해결할 수 있을 거예요.

　친구들은 이제 25일 동안 공부왕이 되기 위한 여행을 떠나는 거예요. 더도 말고 덜도 말고 하루에 하나씩 이 책에 나와 있는 **국어, 수학, 사회, 과학 등 과목별 시험유형 지문 읽는 비법**을 익힌다면 분명 25일 뒤에는 성적이 쑥쑥 올라갈 거예요!

지은이 성지영

차례

제1장 과목별 시험유형 지문읽기, 왜 중요할까요? / 09

01. 사오정 학교
02. 우리 반 일등의 읽기 습관
03. 과목별 읽기 학습으로 성적이 쑥쑥!
04. 읽기의 완성은 메모
05. 잘 읽게 되면 생각하는 힘이 생겨요

제2장 25일 완성!
-과목별 시험유형 지문읽기 • 국어 / 15

1일 등장인물의 성격 파악하며 읽기
2일 중심문장 찾아내며 읽기
3일 사실과 의견 구분하며 읽기
4일 희곡 분위기 살리며 읽기
5일 요약하며 읽기
6일 국어사전 찾아가며 읽기
7일 재미있는 시 읽기
8일 이야기의 뒷부분 상상하며 읽기

 25일 완성!
- 과목별 시험유형 지문읽기 • 사회 / **40**

 9일 그림지도 읽기
10일 연표와 역사지도 읽기
11일 공통점과 차이점 읽기
12일 경제용어, 문맥으로 읽기
13일 계절로 보는 속담 읽기
14일 특징 골라내며 읽기

 25일 완성!
- 과목별 시험유형 지문읽기 • 과학 / **59**

15일 자석의 성질 추리하며 읽기
16일 식물 실험 지문에서 원인과 결과 읽기
17일 실험 기록 지문 읽기
18일 무게 비교하며 읽기
19일 지층으로 시간의 순서 읽기
20일 원리와 응용 관련 지문 읽기

 **25일 완성!**
― 과목별 시험유형 지문읽기 • 수학 / **78**

21일 혼합계산 규칙 알고 읽기
22일 시간계산, 그려가며 읽기
23일 큰 수, 순서대로 읽기
24일 그래프 쉽게 읽기
25일 올림, 버림, 반올림 분별해서 읽기

제1장 과목별 시험유형 지문읽기, 왜 중요할까요?

01 사오정 학교
02 우리 반 일등의 읽기 습관
03 과목별 읽기 학습으로 성적이 쑥쑥!
04 읽기의 완성은 메모
05 잘 읽게 되면 생각하는 힘이 생겨요

01 사오정 학교

우리 학교에는 사오정이 아주아주 많아요. 그래서 사람들은 우리 학교를 사오정 학교라고 불러요.

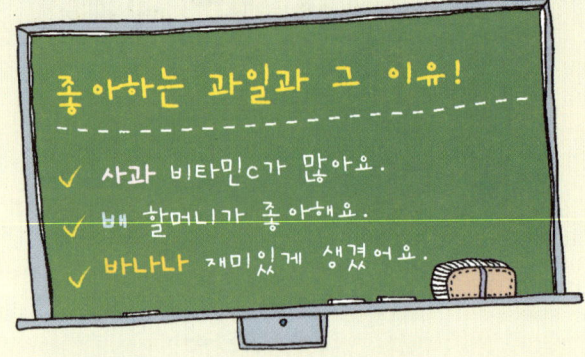

얼마 전 선생님은 우리에게 좋아하는 과일에 대해 물으셨어요.

선생님은 우리가 좋아하는 과일과 그 이유 몇 개를 칠판에 적으시더니, 다음 시간까지 칠판에 적혀 있는 과일 중 좋아하는 이유가 사실인 과일에 대해 조사해 오라고 말씀하셨어요.

그런데 다음 시간에 어떤 일이 벌어졌는지 아세요?

바나나를 조사해 온 친구, 배를 조사해 온 친구… 등 사과를 조사해 온 친구는 얼마 안 되었어요. 사오정 학교 친구들은 '사실'이라는 말을 제대로 이해하지 못했던 거예요.

읽기를 제대로 하지 못해서 일어나는 일의 심각성을 느낀 사오정 학교 친구들은 읽기를 잘한다는 우리 반 일등을 찾아가기로 했어요.

02 우리 반 일등의 읽기 습관

우리 반 일등은 제대로 읽지 못해 생긴 사오정 학교 친구들의 고민을 너무나 친절하게 들어 주었어요.

우리 반 일등은 읽기를 잘하기 위한 습관 중 첫 번째로 호기심을 갖고 그것을 해결하기 위해 노력해야 한다고 했어요. 그리고 그 노력의 시작은 바로 읽기라고 했어요.

두 번째 습관으로는 다양한 책을 읽으라고 했어요. 우리가 좋아하는 만화책부터 신문에 이르기까지 다양하게 읽다 보면 자신도 모르게 무엇이든 술술 읽을 수 있게 된다고 했어요.

마지막으로 세 번째 읽기 습관은 과목별 읽기 학습이라고 했어요. 과목의 특성에 맞춘 읽기를 하다 보면 어려운 지문도 쉽게 이해할 수 있다고 했어요.

03 과목별 읽기 학습으로 성적이 쑥쑥!

우리 반 일등은 자신의 세 번째 읽기 습관인 과목별 읽기 학습에 대해 좀더 자세히 알려 주었어요.

과목별 읽기 학습 특징
- ✓ 국어 중심주제를 파악해야 해요.
- ✓ 수학 공식이나 규칙, 그래프 읽기가 중요해요.
- ✓ 사회 다양한 지도와 연표를 읽을 수 있어야 해요.
- ✓ 과학 추리하거나 응용하는 읽기 능력을 길러야 해요.

우리 반 일등은 국어 읽기 학습의 기본은 중심주제를 잘 읽어내는 일이며, 그것이 기본이 될 때 등장인물의 성격을 잘 파악하고 요약도 잘 할 수 있다고 했어요. 또 수학 읽기 학습을 잘하려면 시험에 자주 등장하는 공식, 규칙 등을 미리 알고 있어야 하며, 그래프 읽는 법을 잘 익혀두어야 한다고 강조했어요.

그리고 사회를 잘하려면 그림지도나 역사지도와 같은 다양한 지도와 연표 등의 내용을 읽어낼 수 있어야 한다고 했어요.

마지막으로 과학 읽기 학습을 잘하려면 실험의 결과를 추리하거나 원리를 응용하는 읽기 능력을 기르는 것이 중요하다고 했어요.

조금 뒤에 가면 과목별 지문과 문제 그리고 우리 반 일등의 읽기 비결이 더 자세히 나와요!

04 읽기의 완성은 메모

선생님은 우리의 생활에서 듣기와 읽기는 비슷한 점이 많으며, 이것을 잘 사용할 수 있는 방법은 메모라고 말씀하셨어요.

선생님은 아무리 좋은 말을 듣고 좋은 글을 읽어도 잊어버리면 아무 소용이 없기 때문에 자신이 중요하다고 생각하는 것을 꼭 메모해야 한다고 하셨어요.

그리고 메모해 놓은 것을 잘 모아두면 자신만의 특별한 백과사전으로 활용할 수 있으며, 특별한 아이디어를 얻을 수 있는 나만의 보물창고가 되어 줄 거라고 하셨어요.

마지막으로 메모는 생각을 정리하게 해 주기 때문에 그것을 바탕으로 알찬 계획을 세울 수 있다고 하셨어요.

05 잘 읽게 되면 생각하는 힘이 생겨요

잘 읽는 법을 배운 사오정 학교 친구들에게 많은 변화가 일어났어요.

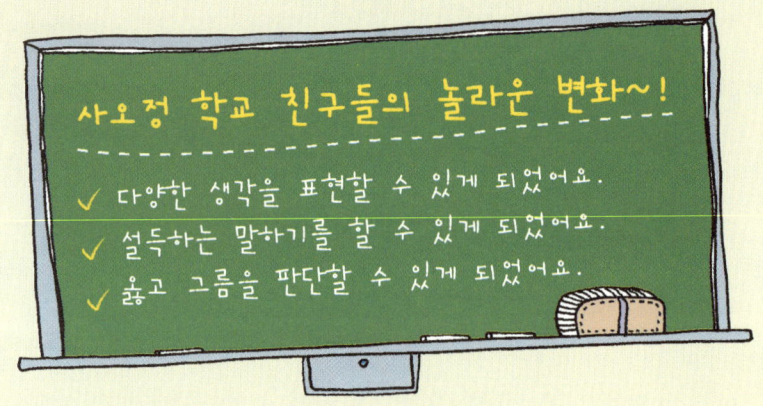

책을 많이 읽고 다양한 어휘를 익히게 된 사오정 학교 친구들은 어느 날부터인가 자신의 생각을 자유롭게 표현하는 친구들이 되었어요.

그리고 제대로 된 읽기 학습을 통해 사실과 의견의 차이를 구분하게 되었으며, 이것을 바탕으로 사람들에게 객관적으로 설득하는 말하기를 할 수 있게 되었어요.

또 어떤 것의 옳고 그름을 헷갈려하던 사오정 학교 친구들은 비판적 읽기 학습으로 인해 올바른 판단을 내릴 수 있게 되었어요.

참! 사오정 학교 친구들은 무엇을 읽고 나면 꼭 메모하는 습관도 갖게 되었어요. 그리고 각 과목 특성에 맞는 읽기 학습으로 성적이 쑥쑥 올랐어요!

제2장
25일 완성! 과목별 시험유형
지문읽기 – 국어

- **1일** 등장인물의 성격 파악하며 읽기
- **2일** 중심문장 찾아내며 읽기
- **3일** 사실과 의견 구분하며 읽기
- **4일** 희곡 분위기 살리며 읽기
- **5일** 요약하며 읽기
- **6일** 국어사전 찾아가며 읽기
- **7일** 재미있는 시 읽기
- **8일** 이야기의 뒷부분 상상하며 읽기

1일 등장인물 성격 파악하며 읽기

3-2학기
1. 마음으로 보아요

자신의 집을 방문한 링컨을 본 소녀는 너무나 ㉠**기뻐서** 울음을 터뜨렸습니다. 그러자 링컨은 소녀를 바라보며 ㉡**쌀쌀맞게** 말했습니다.

"네가 보내 준 편지의 조언으로 기르게 된 멋진 수염 덕분에 날카롭던 인상이 한결 부드러워졌단다. 그래서 감사의 인사를 전하기 위해 이렇게 너를 보러 왔다."

1 위의 ㉠, ㉡에서 등장인물의 마음과 어울리지 않는 것을 찾아 그 이유를 적어 보세요.

> 힌트 　링컨은 소녀에게 감사의 인사를 전하러 왔어요.

2 등장인물의 상태나 기분을 나타내는 말을 찾아 보세요.

❶ 링컨은 수염을 기른 자신의 모습에 만족했습니다.
❷ 사람들은 링컨의 모습을 부러워했습니다.
❸ 링컨을 본 소녀는 행복했습니다.
❹ 링컨은 소녀와의 이별을 아쉬워했습니다.

> 힌트 　인물의 기분이 표현된 단어를 찾아 보세요.

> 정답　**1** ㉡쌀쌀맞게 – 링컨은 인상이 부드러워 보이도록 수염을 기르라고 조언해 준 소녀에게 고마운 마음을 '다정하게' 전했을 것입니다.
>
> 　　　**2** ❶ 만족했습니다　❷ 부러워했습니다　❸ 행복했습니다　❹ 아쉬워했습니다

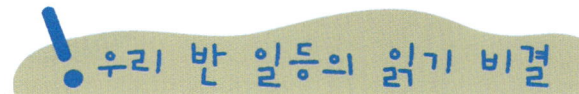

우리 반 일등의 읽기 비결

✏️ **등장인물의 기분이나 상태를 나타내는 말에 주목하세요.**

· 지윤이의 선물을 받은 은수는 <u>기뻤습니다.</u>
· 선생님께 혼이 난 수지는 몹시 <u>슬퍼하며</u> 집으로 돌아갔습니다.

위의 예문 중에서 밑줄이 쳐진 단어는 등장인물의 기분이나 상태를 나타내 주는 말이에요. 등장인물의 기분이나 상태를 알려 주는 단어를 이해하면 등장인물들간의 관계, 글의 분위기, 앞으로의 줄거리 등을 쉽게 파악할 수 있어요.

✏️ **이야기의 주제를 알면 주인공의 성격이 보여요.**

주인공은 주제를 전달하는 사람이에요. 따라서 주제와 주인공의 성격은 깊은 관련이 있어요.

· 주인공의 성격: 용돈을 잘 절약한다. 〈→〉 주제: 용돈을 절약하자.

주인공의 성격을 묻는 문제를 풀어야 할 때는 이야기의 주제를 떠올리고, 반대로 주제를 묻는 문제를 풀 때는 주인공의 성격을 생각해 보세요.

2일 중심문장 찾아내며 읽기

3-1학기
2. 아는 것이 힘

㉠전통음식인 떡국에는 다양한 의미가 있습니다. ㉡우선 설날에 먹는 떡국에는 한 살을 더 먹는다는 나이의 의미가 있습니다. 그리고 떡국을 만드는 재료인 가래떡은 길이가 매우 긴데, ㉢이것은 떡국이 오래오래 살라는 장수의 의미를 가지고 있기 때문입니다. ㉣또 사람들은 떡국을 동전처럼 동그랗게 썰어서 먹습니다. ㉤왜냐하면 떡국에는 부자가 되라는 부귀의 뜻이 담겨 있기 때문입니다.

1 위의 지문에서 주제가 담겨 있는 중심문장을 찾아 보세요.

① ㉠전통음식인 떡국에는 다양한 의미가 있습니다.
② ㉡우선 설날에 먹는 떡국에는 한 살을 더 먹는다는 나이의 의미가 있습니다.
③ ㉢이것은 떡국이 오래오래 살라는 장수의 의미를 가지고 있기 때문입니다.
④ ㉣또 사람들은 떡국을 동전처럼 동그랗게 썰어서 먹습니다.
⑤ ㉤왜냐하면 떡국에는 부자가 되라는 부귀의 뜻이 담겨 있기 때문입니다.

> 힌트 위의 지문은 떡국에 담긴 다양한 의미에 대해 설명하고 있어요.

2 전통음식인 떡국이 가지고 있는 의미를 위의 지문에서 찾아 모두 적어 보세요.

> 힌트 위의 지문에는 떡국의 3가지 의미가 나와 있어요.

정답 1 ① ㉠전통음식인 떡국에는 다양한 의미가 있습니다.
     2 나이, 장수, 부귀

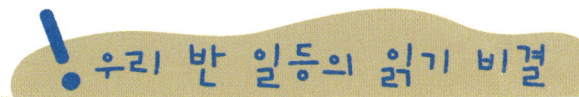
우리 반 일등의 읽기 비결

▰▶ **부분이 아닌, 전체의 내용이 담겨 있어야 해요.**

중심문장은 전체의 내용을 모두 포함해야 해요.

> · 과일에는 비타민이 많다. > 오렌지에는 비타민C가 많다. + 바나나에는 비타민B가 많다.

위의 예문에서 '오렌지에는 비타민C가 많다.'가 중심문장이 될 수 없는 이유는 바나나를 예로 든 문장을 포함하지 못하기 때문이며, 이와 반대의 경우도 마찬가지예요. 따라서 모든 내용을 포함하는 '과일에는 비타민이 많다.'가 중심문장이 돼요.

▰▶ **중심문장은 주로 지문의 처음과 끝에 있어요.**

지문의 중심문장은 대부분 처음이나 끝에 있어요. 지문의 처음에 중심문장이 나오는 것을 '두괄식'이라고 하고, 마지막 부분에 중심문장이 있는 것을 '미괄식'이라고 해요. 만약 지문에서 중심문장이 무엇인지 잘 모를 때는 지문의 처음과 끝 부분을 잘 읽어 보세요.

3일 사실과 의견 구분하며 읽기

3-1학기
3. 여러 가지 생각

㉠자전거는 1790년 프랑스의 귀족에 의해 발명되었습니다. ㉡하지만 이 때의 자전거는 방향을 바꿀 수 없었으며 매우 무거웠습니다. ㉢이후 1817년 독일에서 방향을 바꿀 수 있는 자전거가 발명되었습니다. ㉣하지만 페달이 없었기 때문에 발로 땅을 차며 자전거를 움직여야 했습니다. 1839년 영국 스코틀랜드에서 페달이 달린, 지금과 비슷한 자전거가 만들어졌습니다. ㉤자전거 타기는 건강에 도움이 되고 매우 재미있습니다.

1 위의 지문에서 사실이 아닌, 의견을 찾아 보세요.

❶ ㉠자전거는 1790년 프랑스의 귀족에 의해 발명되었습니다.
❷ ㉡하지만 이 때의 자전거는 방향을 바꿀 수 없었으며 매우 무거웠습니다.
❸ ㉢이후 1817년 독일에서 방향을 바꿀 수 있는 자전거가 발명되었습니다.
❹ ㉣하지만 페달이 없었기 때문에 발로 땅을 차며 자전거를 움직여야 했습니다.
❺ ㉤자전거 타기는 건강에 도움이 되고 매우 재미있습니다.

힌트 '재미있다'는 사실이 아닌, 개인적인 의견이에요.

2 위의 지문은 무엇에 대해 설명하고 있는지 적어 보세요.

힌트 위의 지문에는 자전거가 발달해 온 순서가 나타나 있어요.

정답 1 ❺ ㉤자전거 타기는 건강에 도움이 되고 매우 재미있습니다.
2 자전거의 역사

우리 반 일등의 읽기 비결

✏️ **모두가 옳다고 인정하는 내용이 '사실'이에요.**

설명문은 주로 어떤 정보나 지식을 전달하는 글이에요. 설명문은 거의 대부분 사실로 이루어져 있으며, 사실이란 모두가 옳다고 생각하는 내용이에요.

- 장미는 꽃이다.
- 장미는 아름답다.

위의 문장에서 '장미는 꽃이다.'는 사실이고 '장미는 아름답다.'는 사실이 아니에요. 왜 장미가 아름답다는 것은 사실이 아닐까요? 장미가 꽃이라는 것은 모두가 옳다고 인정할 수 있지만, 모든 사람들이 장미를 아름답다고 생각하지는 않기 때문이에요.

✏️ **옳은 사실을 가지고 있는 의견인지 주의하세요.**

글쓴이가 자신의 의견을 주장하여 남을 설득하는 글을 논설문이라고 해요. 논설문을 읽을 때는 글쓴이가 주장하는 의견이 옳은 사실인지 살펴봐야 해요. 글쓴이의 의견은 언제나 옳은 사실을 근거로 가지고 있어야 해요.

4일 희곡 분위기 살리며 읽기

4–1학기
1. 생생한 느낌 그대로

토끼: (깜짝 놀라며) "저의 간이 필요하시다구요?!"

용왕: (토끼를 달래듯이) "내 병을 고치려면 너의 간이 꼭 필요하다는구나."

토끼: ㉠(　　　　　　) "아니, 미리 말씀하셨더라면 용궁에 오기 전에 간을 챙겼을 텐데… 물 밖에 간을 두고 왔기 때문에 지금 제게는 간이 없사옵니다."

용왕: ㉡(<u>**자라에게 화를 내며**</u>) "자라야, 이게 어찌 된 일이냐?"

자라: (몹시 당황하며) "용왕님! 토끼가 지금 거짓말을 하는 것입니다."

1 위의 지문에서 ㉠에 들어갈 말로 가장 적절한 것을 찾아 보세요.

① 화가 나 고함을 지르며
② 기쁘게 소리치며
③ 꾀를 부리며 능청스럽게
④ 슬프게 엉엉 울며
⑤ 힘없는 목소리로

힌트 토끼는 자신의 간이 물 밖에 있다는 거짓말로 위기를 벗어나려 해요.

2 위의 지문에서 용왕이 ㉡과 같이 행동한 이유는 무엇인지 생각해서 적어 보세요.

힌트 용왕의 병을 고치기 위해서는 토끼의 간이 꼭 필요해요.

정답 1 ③ 꾀를 부리며 능청스럽게
      2 토끼가 용왕의 병을 고치기 위해 필요한 자신의 간을 물 밖에 두고 왔다고 했기 때문에.

우리 반 일등의 읽기 비결

✏️ **지문을 잘 살펴보세요.**

희곡은 연극을 위해 쓰인 글이에요. 그렇기 때문에 희곡을 잘 이해하기 위해서는 대사와 지문을 잘 이해해야 해요.

> · 심청: A(매우 기뻐하며 심봉사에게 달려간다.) B"아버님이 드디어 눈을 뜨시다니!"
>   지문   대사

위의 예문에서 A는 등장인물의 행동이나 상태를 알려 주는 지문이고, B는 대사예요. 희곡의 지문에는 등장인물의 마음이 잘 표현되어 있기 때문에 희곡의 상황을 이해하는 데 큰 도움이 되어요.

✏️ **희곡에는 자유롭지 못한 부분이 있어요.**

희곡은 연극 무대에서의 공연을 위한 글이기 때문에 길이가 너무 길면 안 돼요. 그리고 이야기가 펼쳐지는 배경도 쉽게 나타낼 수 있는 곳이어야 하고, 배경이 너무 자주 바뀌어도 안 돼요.

5일 요약하며 읽기

3-1학기
3. 함께 사는 세상

고양이는 원래 야생동물로 산이나 숲에서 쥐, 작은 조류, 개구리 등을 잡아먹으며 생활했습니다. 하지만 약 5,000년 전 아프리카 북부 리비아산 야생 고양이가 이집트인에 의해 길들여졌습니다. 오늘날 우리가 집에서 기르는 애완용 고양이는 대부분 리비아 고양이를 사육시킨 것으로, 현재 2억 마리가 넘는 고양이가 애완용으로 길러지고 있습니다.

1 다음 빈 칸에 들어갈 적절한 단어를 위의 지문에서 찾아 적어 보세요.

> 오늘날 우리가 집에서 기르는 애완용 고양이는 원래 ●●●● 입니다.

힌트 고양이는 원래 산이나 숲에서 생활했어요.

2 위의 글을 읽고 알 수 있는 내용이 아닌 것을 찾아 보세요.

❶ 고양이는 산이나 숲에서 생활했다.
❷ 고양이의 먹이는 쥐, 작은 조류, 개구리 등이다.
❸ 야생 고양이를 길들인 사람들은 이집트인이다.
❹ 야생 고양이는 사람을 잘 따른다.
❺ 현재 2억 마리가 넘는 고양이가 애완용으로 길러지고 있다.

힌트 고양이가 사람을 잘 따른다는 내용은 지문에 나타나 있지 않아요.

정답
1 야생동물
2 ❹ 야생 고양이는 사람을 잘 따른다.

📝 핵심단어를 기억하세요.

지문에서 가장 중요한 내용을 포함하고 있는 단어를 핵심단어라고 해요. 대부분의 글에서 핵심단어는 매우 자주 등장하며 중심문장에 속해 있어요. 그러므로 지문을 읽고 내용을 요약할 때에는 핵심단어가 중심이 되어야 해요.

📝 처음 – 중간 – 끝으로 나누어 읽으세요.

지문의 처음 부분의 역할은 글쓴이가 설명하고자 하는 사실이나 주장할 의견을 소개해 주어요. 그리고 중간 부분에서는 소개한 내용을 조금 더 자세하게 보충해 주어요. 그리고 끝 부분에서는 글쓴이의 생각을 정리하고 강조해요.

지문이 아무리 길고 복잡해도 '처음 – 중간 – 끝'으로 나누어 읽으면 비교적 간단하게 정리할 수 있어요.

6일 국어사전 찾아가며 읽기

4-2학기
2. 하나씩 배우며

　행복지수란 자신이 얼마나 행복한가를 수량으로 나타낸 것입니다. 영국의 심리학자인 로스웰과 상담사인 코이는 행복지수를 측정하기 위해 18년 동안 사람들을 행복하게 만드는 조건을 고르게 하는 실험을 하였습니다. 그 결과 로스웰과 코이는 사람들의 행복이 건강, ㉠인생관, ㉡야망, ㉢자존심 등에 의해 결정된다는 사실을 알아냈습니다.

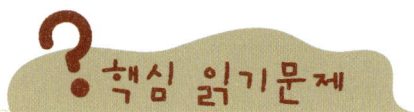

1 위의 지문에서 행복지수의 정의를 찾아 적어 보세요.

> 힌트: 정의란, 단어의 뜻을 말해요.

2 위의 지문에 있는 ㉠, ㉡, ㉢의 뜻을 사전에서 찾아 적어 보세요.

1. ㉠인생관
2. ㉡야망
3. ㉢자존심

> 힌트: ㉠, ㉡은 'ㅇ'에서, ㉢은 'ㅈ'에서 찾도록 해요.

정답

1 행복지수란 자신이 얼마나 행복한가를 수량으로 나타낸 것.

2 ㉠인생관 – 인생의 의의, 가치, 목적 따위에 대한 개인의 생각.
㉡야망 – 크게 무엇을 이루어 보겠다는 희망.
㉢자존심 – 남에게 굽히지 않고 자신의 품위를 스스로 지키는 마음.

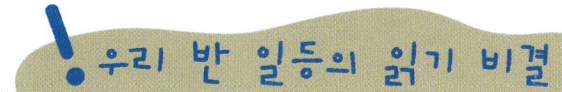
우리 반 일등의 읽기 비결

▸ 한글의 자음, 모음 순서대로 찾으면 돼요.

지문을 읽다가 모르는 단어가 나왔을 때 해결할 수 있는 제일 좋은 방법은 사전을 찾아 보는 것입니다.

· 태호가 알고 싶은 단어 '무역'을 사전에서 찾는 순서: ㅁ ≫ ㅜ ≫ ㅇ ≫ ㅕ ≫ ㄱ

사전에는 단어를 찾는 규칙이 있어요. 국어사전에서 단어를 찾는 순서는 자음과 모음의 순서와 같아요. '무역'은 '미래'라는 단어보다 앞에 나와요. 똑같이 자음 'ㅁ'으로 시작하지만, 무의 모음 'ㅜ'가 미의 모음 'ㅣ'보다 앞에 있기 때문이에요.

▸ 예문을 보면 이해가 잘 돼요.

사전에서 단어를 찾아 읽어도 이해가 잘 안 될 때가 있어요. 그럴 때는 사전에 나와 있는 예문을 잘 읽어 보세요. 다양한 예문들을 읽다 보면 단어의 뜻이 머리에 쏙쏙 들어올 거예요.

7일 재미있는 시 읽기

4-2학기
7. 삶의 향기

엄마가

화가 나면

우리 집은 꽁꽁꽁 ㉠**겨울**이 됩니다.

엄마가

활짝 웃으면

따뜻한 ㉡**봄**이 우리 집에 찾아옵니다.

엄마의 기분은

우리 집 ㉢**계절**입니다.

1 위의 시에서 ㉠, ㉡, ㉢이 무엇을 뜻하는지 적어 보세요.

> 힌트: 우리 집은 엄마가 화가 나면 겨울이 되고, 엄마가 웃으면 봄이 되어요.

2 위의 시를 읽는 목소리로 가장 적절한 것을 찾아 보세요.

① 화가 난 듯이 퉁명스럽게
② 책을 읽는 것처럼 말이 끊어지게
③ 슬픈 목소리로 울먹이며
④ 노래하는 느낌으로 즐겁게
⑤ 작은 소리로 속삭이듯

> 힌트: 시는 리듬을 살려서 읽어야 해요.

정답 1 엄마의 기분
      2 ④ 노래하는 느낌으로 즐겁게

우리 반 일등의 읽기 비결

■ '비유'는 시를 재미있게 만들어 줘요.

 시의 내용을 잘 이해하지 못하는 이유는 대부분 비유가 무엇인지 잘 모르기 때문이에요.

> 비유: 사물의 뜻을 다른 사물로 표현한 것.
> 예) 선생님은 꽃처럼 예쁘다. ≫ 선생님의 비유 = 꽃

 시에서 사용되는 비유는 글쓴이가 생각하는 사물의 의미를 잘 표현해 주어요. 위의 예문에서 선생님을 꽃에 비유했기 때문에 선생님이 얼마나 예쁜지 쉽게 알 수 있게 해 주어요. 또 선생님을 그냥 예쁘다고 하기보다는 꽃처럼 예쁘다고 하는 표현이 훨씬 재미있어요.

■ 시의 목소리가 되어 보세요.

 시의 목소리가 되면 시를 재미있게 읽을 수 있어요. 시의 목소리를 가진 사람을 전문적인 말로 '화자'라고 해요. 화자가 되어 시를 읽으면 시의 분위기가 쉽게 느껴져요.

8일 이야기의 뒷부분 상상하며 읽기

4-1학기
7. 넓은 세상 많은 이야기

 피리 부는 마법사는 쥐떼를 강물 쪽으로 불러 모았습니다. 그러자 그 많던 쥐가 모두 강물 속으로 사라졌습니다. 사람들을 괴롭히던 쥐가 사라지자 마을에는 평화가 찾아왔습니다. 하지만 마을 사람들은 쥐를 없애면 주기로 한 돈을 피리 부는 마법사에게 주지 않았습니다. 마을 사람들이 약속을 지키지 않자 피리 부는 마법사는 ㉠몹시 화가 났습니다. 화가 난 피리 부는 마법사는 마을의 어린이들을 향해 ㉡피리를 불기 시작했습니다.

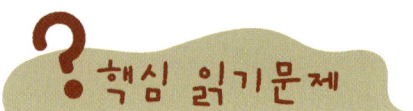

1 위의 지문에서 ㉠의 원인을 찾아 적어 보세요.

힌트 마을 사람들은 마법사와의 약속을 지키지 않았어요.

2 ㉡으로 인한 결과를 상상하여 적어 보세요.

힌트 피리 부는 마법사가 쥐를 향해 피리를 불자 마을의 쥐가 모두 사라져 버렸어요.

정답
1 쥐를 없애면 주기로 한 돈을 피리 부는 마법사에게 주지 않기 때문에.
2 피리 부는 마법사를 따라가던 마을의 어린이들이 순식간에 사라져 버렸습니다.

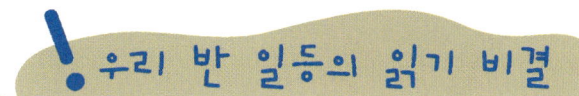

우리 반 일등의 읽기 비결

🖍️ **원인과 결말의 흐름이 자연스러워야 해요.**

모든 이야기에는 원인과 결말이 존재하며, 원인과 결말의 흐름이 자연스러워야 좋은 이야기라고 할 수 있어요. 예를 들어, 지갑을 주워서 주인을 찾아 준 은빈이의 이야기가 있다고 치고 이야기의 결말을 생각해 보세요.

- 지갑의 주인을 찾아 준 은빈이는 착한 어린이상을 받는다.
- 지갑의 주인을 찾아 준 은빈이는 벌을 받는다.

위의 결말 중에서 쉽게 이해할 수 있는 결말은 은빈이가 착한 어린이상을 받는다는 것일 거예요. 왜냐하면 착한 일을 한 은빈이가 벌을 받는 결말은 자연스럽지 못하기 때문이에요.

🖍️ **주인공의 성격을 이해해 보세요.**

주인공의 성격을 잘 이해하고 있으면 이야기의 결말을 상상하기 쉬워요. 흥부처럼 착한 성격을 가진 주인공이 나오는 이야기는 대부분 행복하게 끝이 나거든요.

25일 완성! 과목별 시험유형
지문읽기 - 사회

9일 ↝ 그림지도 읽기
10일 ↝ 연표와 역사지도 읽기
11일 ↝ 공통점과 차이점 읽기
12일 ↝ 경제용어, 문맥으로 읽기
13일 ↝ 계절로 보는 속담 읽기
14일 ↝ 특징 골라내며 읽기

9일 그림지도 읽기

3-1학기
1. 고장의 모습

경수는 사회 시간에 배운 ㉠그림지도 그리는 법을 이용하여 다음과 같은 마을의 그림지도를 그렸습니다.

마을의 그림지도를 이렇게 그렸어요.

핵심 읽기문제

1 경수가 사회 시간에 배운 ㉠의 순서를 찾아 괄호에 번호를 적어 보세요.

- 중요한 도로, 산, 하천 등을 그려 넣어요. (   )
- 주택이나 상점을 그려 넣어요. (   )
- 종이 윗부분을 북쪽으로 정하고, 가운데에 학교를 그려요. (   )
- 논밭 등을 그려 넣어요. (   )
- 마을에서 중요한 건물들을 그려 넣어요. (   )
- 그림을 구분하여 색칠해요. (   )

힌트 그림지도를 그릴 때는 제일 먼저 북쪽을 정해야 해요.

2 위의 그림지도를 보고 맞게 말한 친구의 의견에는 (○)를, 틀리게 말한 친구의 의견에는 (×)를 표시해 보세요.

- 명희: "경수네 마을에는 하천이 흐르고 있구나." (   )
- 수민: "이 곳에는 굉장히 많은 공장이 있잖아!" (   )
- 호진: "경수네 마을에는 주택들이 대부분 왼쪽에 자리하고 있어." (   )

힌트 경수네 마을은 주거단지예요.

정답
1 ②, ④, ①, ⑤, ③, ⑥
2 ○, ×, ○

우리 반 일등의 읽기 비결

▶ **기호를 알면 그림지도가 재미있어요.**

그림지도를 어려워하는 이유는 지도에 나타난 기호의 뜻을 모르기 때문이에요. 기호의 의미를 익혀두면 그림지도가 술술 읽힐 거예요.

관청이 있는 곳		땅 모양		건물·시설	
▣	특별시·광역시·도청	▲	산	⚐	학교
◎	시청	▲	화산	✷	등대
⊚	군청	⌇	댐	✚	병원
○	동사무소	≋	강	✕	우체국
땅의 이용		교통 시설		기타	
⚘	논	──	항공로	∴	명승·고적
⚘	밭	──	항로	♨	온천
⚘	과수원	▬	도로	⚓	항구
		┼┼┼┼	철도	----	시·군·구계

▶ **방위표가 없는 지도는 위쪽이 북쪽임을 기억해요.**

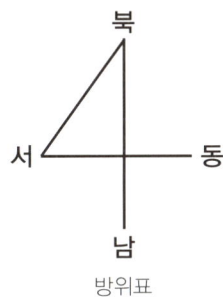
방위표

지도에서 방위인 동서남북은 아주 중요해요. 지도에서 방위를 볼 때는 지도에 나타나 있는 방위표로 동서남북을 보면 돼요. 하지만 지도에 방위표가 없다면 위쪽을 북쪽으로 생각하면 돼요.

10일 연표와 역사지도 읽기

3-1학기
3. 고장의 생활과 변화

다음은 세종대왕의 생애와 업적을 조사하기 위해 민희가 참고한 연표와 역사지도입니다.

(가) 연표

1397년	1418년	1420년	1433년	1437년	1441년	1446년	1450년
태어나심	왕위에 오름	조선통보 주조	국경 확장 (4군)	국경 확장 (6진)	측우기 발명	훈민정음 반포	돌아가심

(나) 역사지도

세종대왕의 생애와 업적을 조사하기 위한 역사지도입니다.

1 위의 연표와 역사지도에서 민희가 잘못 이해한 사실을 찾아 보세요.

① 1397년에 세종대왕이 태어나셨습니다.
② 세종대왕 때 훈민정음이 만들어졌습니다.
③ 4군 6진은 우리나라의 가장 남쪽에 위치하고 있습니다.
④ 1430년대에 우리 국토가 활발하게 넓어졌습니다.
⑤ 세종대왕은 1450년에 돌아가셨습니다.

힌트 세종대왕의 4군 6진은 조선의 북방정책이었어요.

2 이와 같은 연표와 역사지도를 통해 알 수 있는 것은 무엇인지 찾아 보세요.

① 사건의 원인과 결과
② 사건의 시기와 장소
③ 고장의 문화재
④ 인물의 일화

힌트 연표는 역사적 시기를, 역사지도는 역사적 장소를 알려 주어요.

정답
1 ③ 4군 6진은 우리나라의 가장 남쪽에 위치하고 있습니다.
2 ② 사건의 시기와 장소

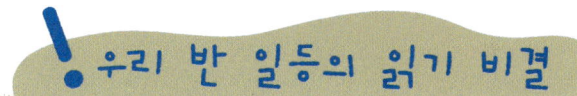

우리 반 일등의 읽기 비결

▬▬ 연표는 시기를, 역사지도는 장소를 나타내 주어요.

연표	역사지도
· 역사적 사건이 일어난 시기를 알 수 있다.	· 역사적 사건이 일어난 장소를 알 수 있다. · 우리나라 영토의 변화를 볼 수 있다. · 고장의 옛 이름을 알 수 있다.

　연표는 사건의 순서를 정리한 표로서, 옛날에 일어난 중요한 사건들을 시기에 따라 볼 수 있어요. 그리고 역사지도는 옛날에 일어났던 사건의 장소를 나타내 주어요.

▬▬ 연표와 역사지도로 알 수 없는 점도 있어요.

　연표와 역사지도에서는 사건이 일어난 때와 장소만을 알려 줘요. 따라서 사건이 왜 일어났는지, 어떻게 변화되었는지 더 자세히 알고 싶으면 역사책을 읽어 봐야 해요.

11일 공통점과 차이점 읽기

4-2학기
3. 사회 변화와 우리 생활

승경이는 옛날엔 김치를 어떻게 보관했는지 궁금해 엄마에게 여쭤 보았습니다. 엄마는, 옛날엔 습기를 조절하는 기능이 있어서 음식물을 신선하게 보관하는 ㉠<u>옹기</u>에 김치를 저장했다고 말씀해 주셨습니다. 그리고 우리가 오늘날 사용하는 김치냉장고는 옛날 사람들이 사용하던 ㉡<u>옹기의 장점</u>을 이용하여 만든 것이라고 알려 주셨습니다.

47

1 위의 지문에서 ㉠과 같은 옛날 물건을 살펴볼 때 중요하지 않은 점을 찾아 보세요.

❶ 어떤 재료로 만들어졌을까?
❷ 언제쯤 만들어졌을까?
❸ 오늘날에 쓰이는 물건과의 공통점과 차이점은 무엇일까?
❹ 얼마나 비싼 물건일까?
❺ 어떤 용도로 쓰이던 물건일까?

힌트 옛 물건에는 값을 매길 수 없는 조상님의 지혜가 담겨 있어요.

2 위의 지문에서 ㉡을 통해 알 수 있는 김치냉장고와 옹기의 공통점을 생각해 적어 보세요.

힌트 김치냉장고는 옹기의 장점을 이용하여 개발되었어요.

정답   **1** ❹ 얼마나 비싼 물건일까?
　　　2 습기를 조절하여 음식물(김치)을 신선하게 보관한다.

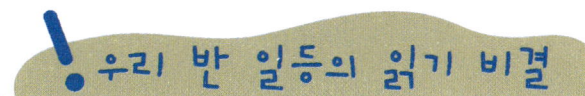
우리 반 일등의 읽기 비결

📕 **공통점과 차이점이 무슨 뜻인지 알아두세요.**

우리가 생활하고 있는 이 세상은 자꾸만 변화해 가고 있어요. 그리고 그 변화로 과거와 현재의 모습에 차이점과 공통점이 생겨나요.

'가마솥'과 '전기밥솥'의 비교	
사용 목적	쌀을 익혀 밥을 만드는 도구입니다.
공통점	높은 압력으로 쌀을 익게 만듭니다.
차이점	가마솥은 장작을, 전기밥솥은 전기를 연료로 사용합니다.

두 가지 이상의 사물을 비교할 때, 같은 점을 좀 어려운 말로 '공통점'이라 하고 다른 점을 '차이점'이라고 해요. 이 두 단어가 무슨 뜻인지 정확히 이해하고 있으면 생활의 변화를 쉽게 비교하며 읽을 수 있어요.

📕 **장점과 단점은 좋은 점과 나쁜 점이에요.**

장점과 단점은 하나의 사물을 가지고 판단하는 거예요. 장점은 많은 사람들에게 이익을 주거나 편리함을 주며, 반대로 단점은 많은 사람들에게 해를 끼치거나 불편을 주어요.

12일 경제용어, 문맥으로 읽기

4-2학기
1. 경제생활과 바람직한 선택

민준이는 오늘 어머니와 함께 은행에 다녀왔습니다. 집을 마련하기 위해 은행에서 돈을 빌렸던 민준이의 어머니는 얼마 전 대출받은 돈을 모두 갚았습니다. 오늘 어머니는 민준이에게 언제든지 돈을 맡기고 찾을 수 있는 보통예금 통장을 만들어 주셨습니다. 민준이는 이제부터 용돈을 아껴 ㉠<u>은행에 잘 저축하겠다</u>고 다짐했습니다.

1 다음 빈 칸에 들어갈 알맞은 단어를 위의 지문에서 찾아 적어 보세요.

- 은행에서 기업이나 개인에게 돈을 빌려 주는 일을 ●● 이라고 합니다.
- 편리할 때 언제든지 돈을 맡기고 찾을 수 있는 예금을 ●●●● 이라고 합니다.

힌트 은행에서 돈을 빌려 주는 일을 '대출'이라 하고, 자유롭게 사용하는 예금을 '보통예금'이라고 해요.

2 민준이가 ㉠처럼 저축을 해서 생기는 좋은 점이 아닌 것을 찾아 보세요.

❶ 돈을 함부로 낭비하는 일을 막을 수 있습니다.
❷ 돈을 아무 때나 찾을 수 없기 때문에 부자가 됩니다.
❸ 예금을 하면 이자가 생겨 소득을 얻게 됩니다.
❹ 예금은 기업의 자금으로 이용되어 경제에 도움을 줍니다.
❺ 은행에 돈을 맡기면 잃어버릴 염려가 없습니다.

힌트 보통예금은 언제든지 자유롭게 찾을 수 있어요.

정답
1 대출, 보통예금
2 ❷ 돈을 아무 때나 찾을 수 없기 때문에 부자가 됩니다.

우리 반 일등의 읽기 비결

✏️ **앞뒤 문장을 잘 살펴보세요.**

용어를 모를 때는 사전을 찾는 것이 가장 좋은 방법이지만, 사전 없이도 용어의 뜻을 짐작할 수 있는 방법이 있어요.

> · 경철이의 아버지는 3년 동안 ㉠매달 일정한 돈을 은행에 예금하였습니다.
> 어느 날 아버지는 3년 동안 부은 ㉡정기적금을 찾아 어려운 이웃에 기부하였습니다.

지문에 모르는 용어가 나오면 앞뒤 문장을 잘 읽어 보세요. 보통 어려운 용어들은 그 뜻이 되풀이되어 지문 중에 나타나곤 해요. 위의 예문에서 ㉡정기적금이라는 용어의 뜻을 몰라도 앞뒤 문장을 잘 읽어 보면 ㉠처럼 그 뜻이 설명되어 있음을 발견할 수 있어요.

✏️ **신문 보는 습관을 기르세요.**

신문에는 정말 다양한 단어가 사용되고 있어요. 특히 매일같이 새롭게 생겨나는 경제용어들은 신문에서 제일 많이 다루어요. 평소에 신문을 읽는다면 어려운 경제용어에도 자신이 있을 거예요.

13일 계절로 보는 속담 읽기

4-1학기
1. 우리 지역의 자연환경과 생활모습

지연이는 여름방학이 되자 시골에 계신 할머니댁에 놀러 갔습니다. 다른 날과 마찬가지로 밖에서 신나게 놀던 지연이는 갑자기 비가 쏟아져 집으로 황급히 돌아갔습니다. 지연이는 새까맣게 변한 하늘을 보며, 이웃 마을에 간 사촌오빠가 비를 많이 맞을까 봐 걱정이 되었습니다. 하지만 할머니는 지연이에게 걱정하지 말라며 말씀하셨습니다. "㉠**여름 비는 소 잔등을 가른다.**"

1 위의 지문에서 지연이의 할머니가 말씀하신 속담 ㉠의 뜻이 무엇인지 찾아 보세요.

① 가뭄의 피해는 견딜 수 있지만 홍수의 피해는 견디기 힘들다.
② 여름 소나기는 지역적으로만 내린다.
③ 2월에 부는 바람은 몹시 차다.
④ 가을비는 바로 그친다.
⑤ 겨울이 따뜻하면 여름도 덥지 않다.

힌트 '여름 비는 소 잔등을 가른다'는 여름철 소나기의 특성을 나타낸 속담이에요.

2 계절과 관련된 속담을 알아보고 계절별로 각각 하나씩 적어 보세요.

힌트 우리나라에는 사계절 관련 속담이 아주 많아요.

정답 1 ② 여름 소나기는 지역적으로만 내린다.
  2 봄 – 봄추위가 장독 깬다.
     여름 – 장마끝물의 참외는 거저 줘도 안 먹는다.
     가을 – 가을 안개에는 풍년 든다.
     겨울 – 손님은 갈수록 좋고, 눈은 올수록 좋다.

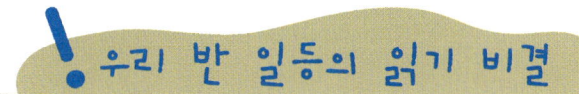

📝 속담은 조상들의 생활의 지혜가 담긴 생각임을 알아두세요.

인간은 자연환경의 영향을 많이 받아요. 특히 우리나라는 사계절이 뚜렷하기 때문에 환경에 많은 변화가 있어요. 그래서 우리 조상들은 환경에 따른 생활의 변화를 현명하게 이겨나갈 지혜가 담긴 속담을 만들었어요.

속담	벚꽃이 일찍 피면 풍년이 든다.
생활의 지혜	벚꽃이 빨리 핀다는 것은 기온이 높아졌다는 뜻이고, 기온이 높아지면 농작물의 성장이 빨라지므로 수확이 많아진다.

속담은 생활의 지혜를 담고 있기 때문에 주로 교훈적인 글에 많이 쓰여요. 그렇기 때문에 속담이 담긴 지문을 읽을 때는 무슨 지혜가 담겨 있는지 생각하는 습관을 들여야 해요.

📝 속담에는 글쓴이의 중심생각이 나타나 있어요.

지문에 사용된 속담에는 글쓴이의 중심생각이 들어 있는 경우가 많아요. 따라서 지문을 읽고 속담을 찾아야 할 경우에는 글의 중심생각을 생각해 보아요.

14일 특징 골라내며 읽기

3-1학기
3. 고장 생활의 중심지

해인이네 고모는 꽃집을 운영하고 있습니다. 해인이는 꽃을 매우 좋아하기 때문에 고모네 꽃집에 자주 놀러 갑니다. 어느 날 고모네 꽃집 꽃들이 어디에서 오는지 궁금해진 해인이는 고모에게 여쭤 보았습니다. 고모는 매일 아침 새벽에 꽃을 사러 시장에 간다고 하였습니다. ㉠<u>그 시장</u>은 고모처럼 꽃집을 운영하는 사람들을 위한 곳이라고 하였습니다.

56

1 해인이네 고모가 꽃을 사러 가는 ㉠그 시장을 찾아 보세요.

　① 도매시장　　　② 백화점　　　③ 소매시장
　④ 재래시장　　　⑤ 대형마트

　힌트 고모네 꽃가게는 소매상이며, 소매상이 가는 시장은 도매시장이에요.

2 시장의 특징이 아닌 것을 찾아 보세요.

　① 우리가 필요한 물건을 쉽게 구입할 수 있습니다.
　② 여러 가지 상품이 준비되어 있습니다.
　③ 물건을 파는 사람과 사는 사람을 이어 줍니다.
　④ 고장과 고장이 서로 필요한 물건을 교환합니다.
　⑤ 물건이 팔려나가기 때문에 기술 개발에 방해가 됩니다.

　힌트 사람들이 물건을 많이 이용하면 기술 개발도 활발해져요.

　정답　1　① 도매시장
　　　　 2　⑤ 물건이 팔려나가기 때문에 기술 개발에 방해가 됩니다.

우리 반 일등의 읽기 비결

📏 **사물의 가장 중요한 성격을 '특징'이라고 해요.**

'특징'이라는 것은 어떤 사물이 가지고 있는 가장 눈에 띄는 성격이에요. 그렇다면 눈에 띄는 성격이란 무엇일까요? 그것은 다른 것과 비교하였을 때 그것만이 가지고 있는 남다른 점을 뜻해요.

코끼리			
사실	동물이다. 발이 네 개다. 코가 길다. 눈이 있다.	특징	코가 길다.

코끼리를 예로 들면 코끼리의 가장 큰 특징은 '코가 길다'는 것이에요. 다른 어떤 동물도 코끼리처럼 코가 길지 않아요. 물론 코끼리에게 눈이 있다거나 동물이라는 사실이 틀린 것은 아니에요. 하지만 이 사실은 다른 동물도 가지고 있는 점이에요.

📏 **특징은 주로 이로운 점을 나타내요.**

특징을 읽을 때는 주로 그 사물이 가진 이로운 점을 보아야 해요. 해롭거나 불편을 끼치는 것보다는 우리에게 이로움과 편리함을 주는 사실을 특징으로 찾도록 해요.

제4장

25일 완성! 과목별 시험유형
지문읽기 – 과학

15일 ↝ 자석의 성질 **추리**하며 읽기

16일 ↝ 식물 실험 지문에서 **원인**과 **결과** 읽기

17일 ↝ 실험 기록 **지문** 읽기

18일 ↝ 무게 **비교**하며 읽기

19일 ↝ 지층으로 **시간의 순서** 읽기

20일 ↝ **원리**와 **응용** 관련 지문 읽기

15일 자석의 성질 추리하며 읽기

3-1학기
2. 자석의 성질

> **보기**
> 가위, 지우개, 색종이, 고무찰흙, 못, 나뭇잎, 압정

재호는 〈보기〉의 물질들을 자석에 붙여 보았습니다. 그랬더니 가위, 못, 압정만 자석에 붙고 나머지 물질은 붙지 않았습니다.

㉠**자석에 붙는 물질**을 살펴보던 재호는 뭔가를 생각하더니 방으로 가서 ㉡(　　　　)을 들고 나왔습니다.

㉡(　　　　)은 재호 생각대로 자석에 잘 붙었습니다.

1 위의 지문 중 ㉠의 물질이 가진 성격을 생각해 찾아 보세요.

① 말랑말랑합니다.
② 액체로 되어 있습니다.
③ 쇠로 되어 있습니다.
④ 물에 녹습니다.
⑤ 나무로 되어 있습니다.

힌트 자석에 붙는 물질은 쇠로 되어 있어요.

2 위의 지문 ㉡에 들어갈 물질로 알맞은 것은 무엇인지 추리해서 찾아 보세요.

① 유리병　　　② 클립　　　③ 나무젓가락
④ 공책　　　　⑤ 크레파스

힌트 자석에 붙는 물질이 가진 특성을 생각해 보세요.

정답　1　③ 쇠로 되어 있습니다.
　　　　2　② 클립

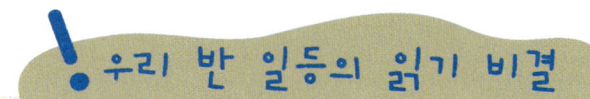

글의 전개 과정을 생각해 보세요.

추리를 잘하려면 글의 전개 과정을 잘 이해하고 있어야 해요. '전개'란 이야기의 흐름을 말해요.

'북풍과 태양'의 전개 과정

1 – 북풍과 태양은 나그네의 외투를 벗기는 내기를 한다.
2 – 북풍이 강하게 불자 추워진 나그네는 옷을 더욱 단단히 여민다.
3 – ㉠(   )
4 – 결국 북풍과 태양의 내기에서 태양이 이긴다.

북풍과 태양의 이야기 전개 과정은 1-2-3-4예요. 2번의 전개 과정에서는 북풍이 나그네의 옷을 벗기는 데 실패하였고, 4번의 전개 과정에서는 태양이 내기에 이겼다는 것을 알 수 있어요. 그러므로 3번의 전개 과정 ㉠은 '나그네가 옷을 벗었다'라는 내용임을 추리해 낼 수 있어요.

비슷한 사건에 주목하세요.

추리를 요구하는 지문에는 대부분 추리를 해내야 하는 사건과 비슷한 다른 사건이 나타나 있어요. 그것을 바탕으로 추리를 해야 엉뚱한 답을 피할 수 있어요.

16일 식물 실험 지문에서 원인과 결과 읽기

4-1학기
3. 식물의 한살이

실험 조건

· 같게 해야 할 조건 – 물을 주는 양과 시기, 화분 안의 흙, 화분의 크기, 놓는 장소

· 다르게 해야 할 조건 – 햇빛

세진이는 식물의 자람과 햇빛과의 관계를 알기 위해 6~7장의 싱싱한 잎이 달린 식물이 담긴 화분 2개를 준비했습니다. 그리고 한 화분은 ㉠**햇빛이 비치는 곳**에 놓고, 다른 화분은 ㉡**흰천이나 종이상자로 덮어**놓았습니다.

세진이는 같은 시간에 같은 양의 물을 주며 10일 뒤에 두 화분을 비교해 보았습니다.

같은 조건인데 햇빛만 다르게 하는 거야.

우리 10일 후에 두 화분을 비교해 보자.

1 위의 지문을 읽고 ㉠과 ㉡의 결과를 생각해 적어 보세요.

힌트 햇빛을 받은 식물은 건강해지지만, 햇빛을 받지 못한 식물은 약해져요.

2 다음은 세진이가 화분을 비교하는 실험을 마친 뒤에 한 말로, 빈칸에 들어갈 적절한 말을 위의 지문에서 찾아 적어 보세요.

세진: "식물이 잘 자라려면 ●●이 필요하구나!"

힌트 세진이는 식물의 자람과 햇빛과의 관계를 실험했어요.

정답 1 ㉠ – 진한 녹색을 띤 잎은 크고 두꺼우며, 줄기는 굵고 짧습니다.
㉡ – 연한 녹색을 띤 잎은 작고 얇으며, 줄기는 가늘고 깁니다.
2 햇빛

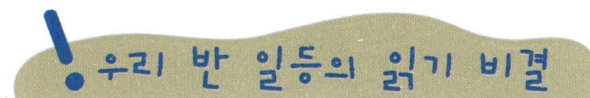

가장 중요한 원인이 결과를 만들어요.

모든 사건의 결과에는 원인이 존재해요. 하지만 원인이 늘 하나만 있는 것은 아니에요.

> 수빈이는 이번 여름방학 때 친구들과 뛰어놀기보다는 ㉠컴퓨터게임을 주로 하였으며, ㉡초코바를 매일 4개씩 먹었습니다. 그리하여 여름방학이 끝나갈 무렵 수빈이의 몸무게는 ㉢5kg이나 늘어나 있었습니다.

위의 이야기에서는 ㉢이 결과예요. 그리고 이것의 원인으로는 ㉠과 ㉡을 떠올릴 수 있어요. 하지만 더 핵심이 되는 원인은 ㉡이에요. 컴퓨터게임을 주로 한 것은 운동 부족을 일으키기는 하지만 몸무게가 늘어난 주된 이유는 못 돼요. 이처럼 친구들이 어떤 원인을 찾을 때는 가장 중요한 원인을 찾아내는 것이 중요해요.

시간의 흐름을 잘 살펴보세요.

결과는 시간이 흘러서 만들어진 거예요. 그러므로 결과를 찾을 때는 지문의 내용 중에서 가장 마지막에 일어난 일을 찾으면 돼요.

17일 실험 기록 지문 읽기

3-1학기
4. 날씨와 우리 생활

보민이는 하루의 기온 변화를 기록하기 위해 지난 금요일 학교에서 아침, 점심, 저녁에 ⊙**온도계**를 이용해 기온을 재어 보았습니다. 조사를 마친 보민이는 다음과 같이 기록하였습니다.

때	아침	점심	저녁
기온(도)	15	22	16

1 위의 지문에 대한 설명 중 틀린 것을 찾아 보세요.

❶ 하루 중 점심시간의 기온이 제일 높습니다.
❷ 보민이는 기온을 각각 다른 장소에서 쟀습니다.
❸ 보민이는 하루의 기온 변화를 기록하였습니다.
❹ 보민이가 기록한 날은 지난 금요일입니다.
❺ 아침의 기온이 저녁 기온보다 낮습니다.

힌트 보민이의 실험에서는 기온을 잰 시간만 달라요.

2 위의 지문에서 ㉠온도계에 대한 설명으로 바른 것을 찾아 보세요.

❶ 온도계를 계속 움직입니다.
❷ 눈 앞 10cm에서 온도를 확인합니다.
❸ 온도계의 가운데 부분을 잡고 있어야 합니다.
❹ 고개를 비스듬히 하여 온도를 읽습니다.
❺ 온도계의 큰 눈금 간격은 10℃, 작은 눈금 간격은 1℃ 로 읽습니다.

힌트 온도계의 붉은 기둥은 온도를 나타내요.

정답 1 ❷ 보민이는 기온을 각각 다른 장소에서 쟀습니다.
      2 ❺ 온도계의 큰 눈금 간격은 10℃, 작은 눈금 간격은 1℃ 로 읽습니다.

📝 육하원칙을 확인하세요.

> ❶ 나는 ❷ 어제 ❸ 독감을 예방하기 위해 ❹ 학교에서 ❺ 예방주사를 ❻ 맞았다.
>   누가   언제   왜   어디서   무엇을   어떻게

실험을 기록하는 글에서 '왜'는 실험의 목적을 나타내고, '무엇을'은 실험의 주제를 담고 있어요. 그렇기 때문에 실험을 기록한 지문은 육하원칙을 잘 확인하면 쉽게 이해할 수 있어요.

📝 정보를 전달해 주어요.

기록에는 주로 사실이 담겨 있어요. 그러므로 지문에 나타난 정보(사실)들을 꼼꼼히 확인하면 어떤 문제도 자신있게 풀 수 있을 거예요.

18일 무게 비교하며 읽기

4-1학기
1. 무게 재기

다영이는 과학시간에 양팔저울을 이용하여 연필, 지우개, 못, 5g짜리 나무토막의 무게를 비교하여 보았습니다. 다영이가 위 물체의 무게를 비교하여 얻은 결과는 아래와 같습니다.

- 연필 = 나무토막
- 나무토막 > 지우개
- 연필 < 못

1 위의 지문을 읽고 틀린 것을 찾아 보세요.

① 연필은 5g입니다.
② 못이 제일 무겁습니다.
③ 무거운 순서는 못 < 연필 < 지우개입니다.
④ 못은 나무토막보다 무겁습니다.
⑤ 지우개의 무게는 5g보다 작습니다.

힌트 제일 가벼운 것은 지우개이고, 제일 무거운 것은 못이에요.

2 다음 중 무게를 비교하기 위한 기준 물체로 사용하기 어려운 것은 무엇인지 찾아 보세요.

① 바둑알　　② 클립　　③ 압정
④ 핀　　　　⑤ 돌

힌트 기준 물체는 일정한 모양과 무게를 가지고 있어야 해요.

정답
1 ③ 무거운 순서는 못 < 연필 < 지우개입니다.
2 ⑤ 돌

우리 반 일등의 읽기 비결

✏️ 비교하는 기준이 무엇인지 생각해 보세요.

비교하는 기준이 분명할 때	비교하는 기준이 분명하지 않을 때
㉠앵두보다 큰 과일 3개를 비교해 보세요. - 귤 〈 사과 〈 수박 김치와 자장면을 ㉡색깔로 비교해 보세요. - 빨간색과 검은색	큰 과일 3개를 비교해 보세요. - ? 김치와 자장면을 비교해 보세요. - ?

비교하는 지문을 읽을 때는 비교 기준이 무엇인지 잘 생각해야 해요. 위에서 ㉠과 같은 기준이 있을 때는 과일의 크기를 쉽게 비교할 수 있어요. 하지만 기준이 없을 때는 비교하기가 어려워요. 그리고 ㉡과 같은 확실한 기준이 있을 때 비교하기가 쉬워요.

✏️ 비교하는 기준에만 집중하세요.

비교하는 지문을 읽을 때는 비교 기준에만 관심을 가져야 해요. 지문에서 과일의 색깔을 비교하라고 했으면 색깔이라는 비교 기준에만 집중해야 해요. 모양이나 맛 등 다른 기준들은 문제를 푸는 데 도움이 되지 않아요.

19일 지층으로 시간의 순서 읽기

4-2학기
2. 지층과 화석

두연이는 지층의 단면을 보며 땅에도 시간의 순서가 있다는 것과 그 지층들이 만들어진 시간에 따라 각각의 두께, 색, 알갱이, 화석 등이 있다는 것을 알게 되었습니다.

72

1 위의 지층그림을 본 두연이가 잘못 이해한 것을 찾아 보세요.

　❶ 제일 오래된 지층은 ㉤입니다.
　❷ 물고기화석이 나뭇잎화석보다 먼저 쌓였습니다.
　❸ 가장 나중에 만들어진 지층은 ㉠입니다.
　❹ 지층이 쌓인 순서는 ㉤ – ㉣ – ㉢ – ㉡ – ㉠입니다.
　❺ 오래된 화석의 순서는 나뭇잎화석–물고기화석–조개화석입니다.

　힌트　나뭇잎화석이 가장 최근에, 조개화석이 가장 오래 전에 만들어졌어요.

2 다음 보기에서 지층이 쌓이는 순서를 찾아 적어 보세요.

> **지층이 만들어지는 과정**
> ❶ 자갈, 모래, 진흙 등이 바닥에 가라앉는다.
> ❷ 위에 쌓인 물질들이 아래에 있는 물질들을 눌러 단단하게 굳어진다.
> ❸ 오랜 시간 동안 자갈, 모래, 진흙 등의 쌓임이 반복되어 지층이 형성된다.
> ❹ 자갈, 모래, 진흙 등이 물에 의해 운반된다.
> ❺ 가라앉은 물질 위에 계속 자갈, 모래, 진흙 등이 쌓인다.

　힌트　자갈, 모래, 진흙 + 강물 → 운반 → 퇴적 + 압력 → 지층 + 힘 → 지층의 솟아오름

정답
　1　❺ 오래된 화석의 순서는 나뭇잎화석 – 물고기화석 – 조개화석입니다.
　2　❹ – ❶ – ❺ – ❷ – ❸

시간이 바뀔 때마다 변화가 일어나요.

시간 순서에 따른 '미운오리새끼'의 변화

① 어느 농가에 미운오리새끼 한 마리가 태어나지만 다른 오리들의 구박을 받는다.
② 농가를 뛰쳐나온 미운오리새끼는 거리를 헤매며 고생스러운 겨울을 이겨낸다.
③ 봄이 오자 미운오리새끼는 하늘을 날 수 있게 된다.
④ 미운오리새끼는 자신이 훌륭한 백조였음을 알게 된다.

대부분의 이야기는 시간의 흐름 속에 놓여 있어요. 하지만 시간의 흐름이 더욱 중요하게 느껴지는 이야기가 있어요. 그런 이야기의 특징은 시간의 흐름에 따른 변화가 크다는 거예요.

위의 이야기에서도 시간의 흐름에 따른 변화를 겪으며 미운오리새끼가 백조로 변화해요. 이렇게 지문에서 시간 순서를 읽을 때는 변화를 잘 살펴보도록 해요.

자연스럽게 이어져야 해요.

시간의 순서대로 본다면 '얼음 → 물 → 기체'는 자연스러운 흐름이지만 '물 → 얼음 → 기체'는 자연스럽지 않아요. 이처럼 지문에서 시간의 순서를 찾을 때는 자연스러운 이어짐에 주의하세요.

20일 원리와 응용 관련 지문 읽기

3-2학기
3. 혼합물의 분리

과학시간에 사용할 철가루를 문구점에서 구입한 명훈이는 서둘러 교실로 들어가려다 그만 운동장에서 넘어졌습니다. 명훈이는 철가루가 떨어진 자리를 아무리 살펴보아도 철가루를 찾을 수 있는 방법이 생각나지 않았습니다. 그 때 옆반 친구인 민주가 잔뜩 걱정을 하고 있는 명훈이에게 다가왔습니다. 명훈이의 사정을 들은 민주는 ㉠**의 방법**으로 명훈이의 철가루를 찾아 주었습니다.

1 민주가 명훈이의 철가루를 찾아 준 ㉠의 방법을 생각해서 적어 보세요.

> 힌트 철가루는 자석에 붙는 성질을 가지고 있어요.

2 우리 생활에서 혼합물 분리를 응용한 예가 아닌 것을 찾아 보세요.

① 삼베나 무명 같은 천을 이용하여 한약을 짭니다.
② 탈수기를 이용하여 빨래의 물기를 제거합니다.
③ 물에 설탕을 녹여 설탕물을 만듭니다.
④ 정수기를 이용하여 물 속의 불순물을 제거합니다.
⑤ 돌 고르는 기계를 이용하여 쌀 속의 돌을 고릅니다.

> 힌트 설탕물은 설탕과 물이 혼합된 거예요.

> 정답
> **1** 민주는 비닐이나 종이로 싼 자석을 운동장의 모래 속에 넣고 저었습니다.
> **2** ③ 물에 설탕을 녹여 설탕물을 만듭니다.

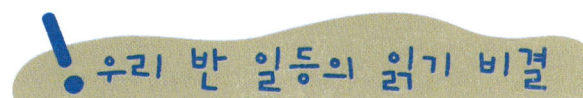
우리 반 일등의 읽기 비결

📕 **사물의 원리를 찾아 보세요.**

공부 지식이 우리의 일상생활 속에서 다양하게 쓰이고 있다는 사실을 알고 있나요? 이처럼 공부 지식은 우리의 생활을 편리하고 즐겁게 만드는 데 많은 도움이 되어요.

원리	소금물에서는 가벼운 것은 뜨고 무거운 것은 가라앉습니다.
응용	· 볍씨 고르기- 소금물에서 속이 빈 쭉정이는 뜨고 속이 찬 볍씨는 가라앉습니다. · 상한 달걀 고르기- 상한 달걀은 무게가 가벼워져서 소금물 위로 뜹니다.

공부 지식이 우리의 생활에서 어떻게 쓰이고 있는지 알 수 있는 방법은 무엇일까요? 그 방법은 사물의 원리를 찾아내는 거예요. 원리라는 것은 사물의 가장 기본적인 특성으로, 이러한 원리를 다양하게 이용하는 것을 응용이라고 해요.

위의 예에서 알 수 있듯이 가벼운 것은 소금물에 뜬다는 원리를 알고 건강한 볍씨와 달걀을 구별해 내었어요.

📕 **생활 모습을 잘 관찰해 보세요.**

원리와 응용 관련 지문을 잘 읽으려면 평소에 생활 모습을 잘 관찰하는 습관이 중요해요. 생활 모습을 잘 관찰하다 보면 수업 시간에 배운 간단한 원리를 응용한 모습을 주변에서 많이 발견할 수 있을 거예요.

제5장

25일 완성! 과목별 시험유형
지문읽기 – 수학

21일 ↪ 혼합계산 규칙 알고 읽기
22일 ↪ 시간계산, 그려가며 읽기
23일 ↪ 큰 수, 순서대로 읽기
24일 ↪ 그래프 쉽게 읽기
25일 ↪ 올림, 버림, 반올림 분별해서 읽기

21일 혼합계산 규칙 알고 읽기

4-1학기
5. 혼합계산

어느 날 헨델과 그레텔은 퀴즈를 맞히면 초코볼을 준다는 마녀를 찾아갔습니다. 마녀가 헨델과 그레텔에게 낸 첫 번째 퀴즈는 '5+3×2÷1'의 값이었습니다.

마녀의 퀴즈를 들은 헨델이 재빠르게 ㉠●● 라고 말하였습니다. 정답을 맞힌 헨델은 마녀에게 초코볼을 받았습니다.

마녀가 다음으로 낸 퀴즈는 '(5+3)×2÷1'이었습니다.

이번에는 그레텔이 자신만만하게 ㉡●● 라고 외쳤습니다.

마녀는 빙그레 웃으며 그레텔에게 초코볼을 주었습니다.

1 위의 지문에서 ㉠과 ㉡에 들어갈 값은 얼마인지 풀어 보세요.

힌트 ㉠은 '×' → '÷' → '+' 순서로 계산해야 하며, ㉡은 ( )부터 계산해야 해요.

2 마녀가 낸 퀴즈 '5+3×2÷1'과 '(5+3)×2÷1'의 값이 다른 이유를 적어 보세요.

힌트 혼합계산에서는 괄호를 제일 먼저 계산해야 해요.

정답
1 ㉠ - 11, ㉡ - 16
2 혼합계산을 할 때는 먼저 곱셈과 나눗셈을 계산해야 하지만, 괄호가 있을 때는 괄호를 제일 먼저 계산해야 합니다.

우리 반 일등의 읽기 비결

▶ 혼합계산을 잘하려면 계산 순서를 알아야 해요.

덧셈, 뺄셈, 곱셈, 나눗셈에는 먼저 계산해야 하는 우선순위가 있어요. 계산 문제에서 위의 4가지 계산법이 모두 필요하다면, 먼저 곱셈과 나눗셈을 계산하고 그 다음에는 순서대로 덧셈과 뺄셈 혹은 뺄셈과 덧셈을 계산해야 해요.

▶ 혼합계산의 괄호에 주목하세요.

혼합계산을 할 때는 곱셈과 나눗셈을 먼저 계산하고 그 다음에 덧셈과 뺄셈을 계산해야 하지만 예외가 있어요. 혼합계산에 괄호가 있을 때는 괄호를 먼저 계산해야 해요.

괄호에는 소괄호-( ), 중괄호-{ }, 대괄호-[ ]가 있는데, 계산 순서는 소괄호, 중괄호, 대괄호예요.

예) 100−{4×(3+2)÷2}의 계산 순서

❶ (3+2) ⋯ ❷ 4×(3+2) ⋯ ❸ {4×(3+2)÷2} ⋯ ❹ 100−{4×(3+2)÷2}

22일 시간계산, 그려가며 읽기

3-1학기
8. 길이와 시간

수영이는 오전 7시에 일어나 오전 8시 20분에 집을 나섰습니다. 미술 수업 준비물을 사기 위해 잠깐 문구점에 들렸기 때문에 수영이가 학교에 도착한 시간은 오전 8시 50분입니다.

학교 수업은 오후 1시 50분에 끝났지만 수영이는 오늘 청소당번이었기 때문에 ㉠●●분 동안 교실을 깨끗하게 정리했습니다. 청소를 마친 수영이는 오후 2시 10분에 학교에서 나와 집으로 향했습니다.

1 위의 지문에서 ㉠에 들어갈 시간은 얼마인지 알아 보세요.

힌트 수업은 1시 50분에 끝났지만 수영이가 학교에서 나온 시간은 2시 10분이에요.

2 수영이가 학교에서 생활한 시간은 총 얼마인지 알아 보세요.

힌트 수영이는 8시 50분부터 2시 10분까지 학교에서 생활했어요.

정답 **1** 20분
       2 5시간 20분

우리 반 일등의 읽기 비결

▶ **시간은 60진법으로 계산해야 해요.**

훌륭한 천문학자들이었던 고대 바빌로니아 사람들은 1~59까지의 수를 사용하여 60이 되면 단위가 올라가는 60진법을 사용했어요. 그리고 오늘날에는 60진법으로 시간을 계산하고 있어요.

> · 시간의 단위 = 초 < 분 < 시

시간을 60진법으로 계산할 때 사용하는 단위로는 초, 분, 시가 있어요. 60초는 1분이고 60분은 1시간이에요. 4시 59분에서 1분이 지나면 4시 60분이라 하지 않고 5시라고 불러요.

▶ **시계를 그려 보세요.**

시험지에 시계를 커다랗게 그리고, 그 그림시계를 보며 시간을 계산해 보세요. 그러면 헷갈리지 않고 평소처럼 시간 계산을 잘할 수 있을 거예요.

23일 큰 수, 순서대로 읽기

4-1학기
1. 큰 수

색연필을 만드는 A회사에서는 1년 동안 10만 원짜리 수표 3,000장인 ㉠●● 원의 돈을 썼고, 공책을 만드는 B회사에서는 100만 원짜리 수표 500장인 ㉡●● 원의 돈을 사용하였습니다.

그리고 지우개를 만드는 C회사에서는 ㉢**이억팔천육백칠십만 원**을 사용하였습니다.

1 위의 지문에서 ㉠과 ㉡에 들어갈 수는 각각 얼마인지 알아 보세요.

힌트 ㉠은 100,000×3,000이며, ㉡은 1,000,000×500이에요.

2 지우개를 만드는 C회사에서 사용한 돈인 ㉢이억팔천육백칠십만 원을 숫자로 적어 보세요.

힌트 '이억팔천육백칠십만'은 200,000,000+80,000,000+6,000,000+700,000이에요.

정답 **1** ㉠-3억, ㉡-5억

2 286,700,000원

✏️ 숫자는 10배씩 커지면서 이름을 바꿔요.

1~9까지의 숫자는 인도에서 발달하였어요. 하지만 인도에서 아라비아로, 다시 아라비아에서 유럽으로 전해졌기 때문에 아라비아숫자라고 불러요.

1	10	100	1,000	10,000	100,000	1,000,000	10,000,000	100,000,000
	10배	10배	10배	10배	10배	10배	10배	10배
일	십	백	천	만	십만	백만	천만	억

사람들은 숫자를 편리하게 사용하기 위하여 10배씩 커질 때마다 숫자 뒤에 일, 십, 백, 천, 만… 등의 이름을 붙였어요. 그럼 24,356은 어떻게 읽어야 할까요?

24,356은 〈20,000+4,000+300+50+6〉이니까 '이만사천삼백오십육'이라고 읽어야 해요.

✏️ 세 자리마다 쉼표를 찍어야 해요.

수가 점점 커지면 셀 때 헷갈리는 경우가 많겠지요? 그렇기 때문에 사람들은 세 자리씩 수를 끊어서 읽기로 하고 그 표시로 세 자리마다 쉼표를 찍기로 약속했어요.

· 일억= '100000000' → '100,000,000'

이렇게 세 자리마다 쉼표로 표시하면 보기에도 쉽고 편리하겠지요?

24일 그래프 쉽게 읽기

3-2학기
7. 자료 정리

〈채운초등학교 인기 순위〉

1 위의 그래프를 잘못 이해한 사람은 누구인지 찾아 보세요.

① 재석 : "짱구의 인기가 제일 높구나!"
② 민지 : "둘리는 푸우보다 4표나 더 있어."
③ 윤호 : "도라에몽은 짱구보다 2표가 적어."
④ 해림 : "아따맘마와 도라에몽의 인기는 똑같아."
⑤ 보미 : "2표만 더 있으면 둘리가 1등인데…."

힌트 짱구는 도라에몽보다 3표가 더 많아요.

2 ㉠과 ㉡에 들어갈 알맞은 수를 찾아 적어 보세요.

이름	둘리	짱구	도라에몽	아따맘마	푸우	합계
투표수(표)	5	6	㉠	3	1	㉡

힌트 그래프에서 한 칸은 한 표를 나타내요.

정답 1 ③ 윤호: "도라에몽은 짱구보다 2표가 적어."
      2 ㉠ - 3, ㉡ - 18

우리 반 일등의 읽기 비결

✏️ **다양한 그래프의 종류와 목적을 기억하세요.**

그래프는 우리를 헷갈리게 만드는 암호가 아니라, 내용을 보기 쉽게 정리한 그림이에요. 그리고 자료의 성격에 따라 각각 어울리는 그래프가 있어요.

> · 그림그래프 – 사물을 그림으로 그려서 개수나 크기를 나타낸 것으로 쉽고 재밌어요.
> · 계단그래프 – 계단 모양으로 생겼으며, 일정한 기준으로 바뀌는 것에 사용해요.
> · 원그래프 – 원 모양을 하고 있으며, 전체에 대한 비율(%)을 나타낼 때 이용해요.
> · 사각형그래프 – 사각형 안에 모눈이 그려져 있으며, 그 모눈의 수로 크기를 나타내요.
> · 띠그래프 – 띠 모양으로 생겼으며, 각각의 비율(%)을 비교하기 편리해요.
> · 다이어그램 – 일정한 시간 동안 변화한 양을 나타낼 때 사용해요.

✏️ **막대그래프와 꺾은선그래프의 특징을 비교해 보세요.**

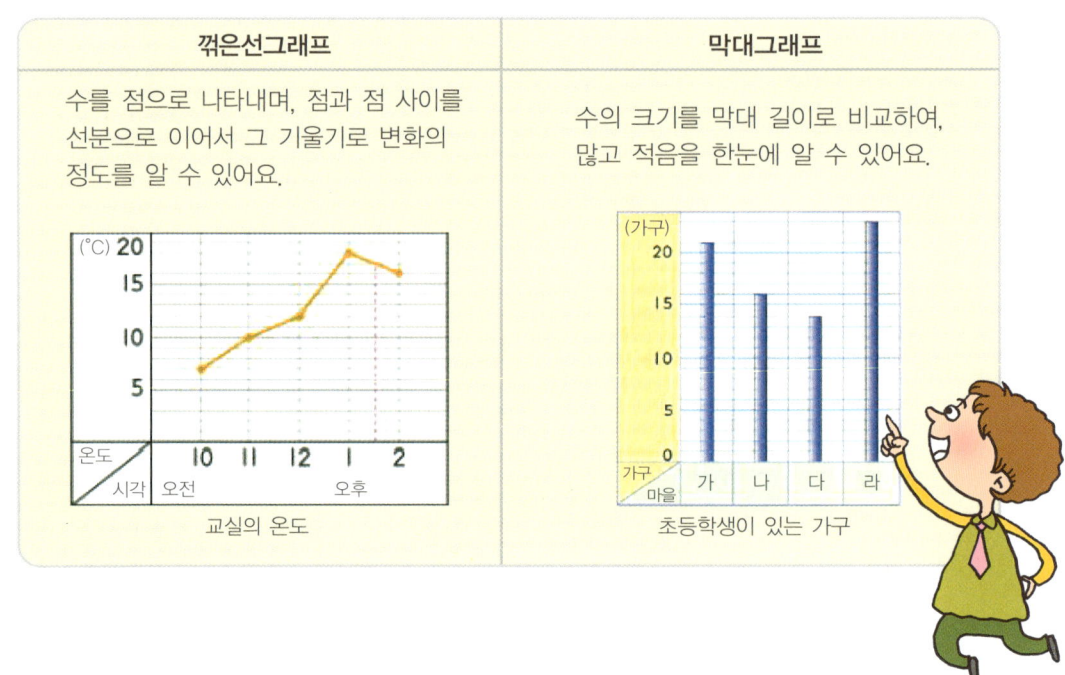

25일 올림, 버림, 반올림 분별해서 읽기

4-2학기
6. 어림하기

상희의 할아버지는 이번 가을에 수확한 사과 ㉠78,650개를 한 상자에 100개씩 넣어 장에 내다 팔기로 하셨습니다. 상희는 할아버지를 도와 열심히 사과를 100개씩 상자에 담았습니다.

상자에 사과를 담던 상희는 ㉡●●개의 사과가 남는다는 것을 알게 되자 그 사실을 할아버지께 말씀드렸습니다. 그러자 할아버지는 흐뭇한 미소를 지으며 열심히 도와 준 상희에게 선물로 주겠다고 말씀하셨습니다.

1 위의 지문에서 ㉠의 수를 올림, 버림, 반올림하여 백의 자리까지 적어 보세요.

수	올림	버림	반올림
78,650			

힌트: 반올림에서 '5' 이상의 수일 때는 앞자리의 수가 하나 올라가요.

2 위의 지문에서 ㉡에 들어갈 알맞은 사과의 개수를 적어 보세요.

힌트: 78,650÷100을 해서 남는 수가 얼마인지 계산해 보세요.

정답
1 올림 - 78,700 버림 - 78,600 반올림 - 78,700
2 50개

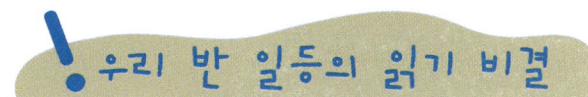

우리 반 일등의 읽기 비결

▎ 올림, 버림, 반올림이 무슨 뜻인지 알아두세요.

어림하기 문제는 올림, 버림, 반올림의 뜻만 확실히 기억하면 쉽게 풀 수 있어요.

- 올림 – 구하려는 자리의 아래 수를 올려서 나타내는 방법.
  예) 25,830을 올림해서 백의 자리까지 구하시오. ≫ 25,900
- 버림 – 구하려는 자리의 아래 수를 버려서 나타내는 방법.
  예) 45,890을 버림해서 천의 자리까지 구하시오. ≫ 45,000
- 반올림 – 구하려는 자리 바로 아래 수가 1~4일 때는 버림으로 나타내고, 5~9일 때는 올림으로 나타내는 방법.
  예) 78,608을 반올림해서 만의 자리까지 구하시오. ≫ 80,000

▎ 이럴 때 반올림을 사용해요.

나눗셈을 하다가 나누어 떨어지지 않을 때, 두 가지 이상의 물건을 비교하거나 끝자리를 맞출 때, 복잡한 조사 결과를 쉽게 알리고 싶을 때 주로 반올림을 사용해요.

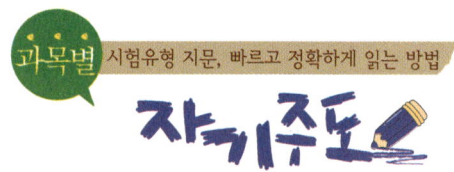

시험유형 지문읽기

초판 1쇄 발행 | 2010년 11월 15일

지은이 | 성지영
그린이 | 이일선

펴낸이 | 남주현
펴낸곳 | 채운북스(자매사 채운어린이)
주소 | 서울시 마포구 창전동 5-11 3층 (우 121-190)
전화 | 02-3141-4711(편집부) 02-325-4711(마케팅부)
팩스 | 02-3143-4711
전자우편 | chaeun1999@empas.com
디자인 | design86 강루미
출력 | 아이앤지 프로세스
종이 | 세종페이퍼
인쇄 | 대원인쇄
제책 | (주)세상모든책

Copyright ⓒ 2010 성지영
이 책은 저작권법에 따라 보호받는 저작물입니다.
저작권자와 도서출판 채운북스의 허락없이
내용의 전부 또는 일부의 인용이나 발췌를 금합니다.

ISBN 978-89-94608-03-7 (63590)
*잘못된 책은 구입하신 서점에서 바꾸어 드립니다.